GOUVERNEMENT GÉNÉRAL DE L'INDOCHINE

RAPPORT

sur le fonctionnement

de la Direction générale de l'Instruction publique

1926

HANOI
IMPRIMERIE D'EXTRÊME-ORIENT
1929

DIRECTION GÉNÉRALE

DE

L'INSTRUCTION PUBLIQUE

Conformément aux prescriptions des circulaires du Gouverneur général des 5 juillet 1920, 9 juin 1921 et 11 juillet 1923, le rapport général sur le service de l'Instruction publique sera un tableau d'ensemble aussi sobre et clair que possible résumant la situation actuelle, les progrès accomplis et les directives envisagées.

Les statistiques récapitulatives et l'exposé spécial de la situation des services gérés par la Direction générale de l'Instruction publique elle-même (Lycée Albert Sarraut, écoles supérieures de l'Université) ou rattachés à elle (Archives et Bibliothèques) seront présentés sous la forme d'annexes.

$$\star \atop \star \ \star$$

En vertu du décret et des arrêtés qui régissent la Direction générale de l'Instruction publique elle est un organe d'administration pédagogique générale chargée du contrôle professionnel et technique de l'Enseignement à tous ses degrés, tant public que privé, dans tous les pays de l'Union Indochinoise, mais elle ne dispose d'aucun pouvoir d'action directe ou d'intervention dans la vie administrative de l'Enseignement franco-indigène à tous ses degrés ni de l'Enseignement français du degré primaire ou primaire supérieur ni de l'Enseignement privé, puisque celui-ci ne possède pas actuellement d'établissements du degré supérieur ni du degré secondaire français, ni de caractère purement professionnel. En dehors de l'Enseignement secondaire français, de l'Enseignement professionnel et de l'Enseignement supérieur qui sont du seul ressort de la Direction générale de l'Instruction publique, tous les services d'Instruction sont placés sous l'autorité directe et exclusive, au point de vue administratif, des Administrations locales, assistées d'un Chef local du service de l'Enseignement qui est nommé sur la proposition concertée de la Direction générale de l'Instruction publique et des Résidents supérieurs ou du Gouverneur de la Cochinchine (exception faite du Territoire de Kouang-tchéou-wan pour lequel jusqu'à présent il n'y a pas de Chef local de l'Enseignement). Le principe de cette organisation, qui remonte à l'arrêté du 15 avril 1924 créant les chefs locaux, répond à une indiscutable nécessité de service et son application a marqué un progrès important dans l'action tant administrative que pédagogique de la Direction générale de l'Instruction publique sur l'enseignement distribué à tous les degrés dans les différents pays de l'Union. Cependant l'arrêté du 15 avril 1924 comporte des modifications dont le principe et les modalités pourraient être examinés par une commission qui, sous la présidence du Gouverneur général ou de son représentant réunirait les chefs des Gouvernements locaux et où le Directeur général de l'Instruction publique exposerait ses projets, de manière à aboutir à une amélioration, dans l'intérêt général de l'Enseignement, de l'arrêté du 15 avril 1924.

Afin de donner au présent rapport toute la clarté désirable et de serrer la réalité d'aussi près que possible il sera divisé en 3 parties :

1° Administration générale ;
2° l'Enseignement populaire indochinois ;
3° la formation de l'élite indochinoise.

I

ADMINISTRATION GÉNÉRALE

A. — L'organisation administrative.

Tous les services de l'Enseignement en Indochine, tant ceux de gestion directe que ceux de contrôle ou d'impulsion, aboutissent à un organisme central constitué par la Direction générale de l'Instruction publique.

Le mécanisme et le fonctionnement de cet organisme central présentent donc une importance capitale sur le rendement et les progrès de tout l'ensemble du service. Aussi tous les directeurs se sont-ils efforcés de les perfectionner.

1°) *Installation matérielle.* — L'installation matérielle ne correspond pas aux besoins des services de la Direction générale de l'Instruction publique, surtout après l'extension que viennent de leur donner les arrêtés des 10 mai et 12 juin 1926. Des propositions m'ont été adressées d'un commun accord avec l'Inspection générale des Travaux publics et la Direction générale de l'Instruction publique pour apporter un remède à cette situation préjudiciable au bon fonctionnement des bureaux de la Direction.

2°) *Réorganisation des Bureaux.* — Par contre, au point de vue administratif, de grands progrès ont été réalisés. L'arrêté du 17 juillet 1924 et les perfectionnements accomplis au cours de l'année 1924-1925 avaient déjà apporté une amélioration sensible à l'organisation des divers services. Mais d'une part l'ensemble manquait de cohésion, se présentait en partie comme temporaire et offrait de graves lacunes. La répartition du travail entre les bureaux avait été improvisée, surchargeait les uns en déchargeant trop les autres et ne donnait pas à chacun une sphère d'action nettement définie avec une responsabilité effective. A ces bureaux avait été juxtaposé un service dit technique qui était une combinaison de travail de contrôle et de bureau d'étude et dont les Inspecteurs se répartissaient d'ailleurs les attributions plus pour des raisons de personne et de circonstance que pour des raisons logiques : la suppression de l'adjoint au Directeur avait d'ailleurs décapité l'organisme sans y apporter les modifications complémentaires qu'appelait naturellement cette mesure.

Un bureau des manuels, temporaire en principe, et assez coûteux à cause des suppléments de fonctions appliqués à ses membres, était venu compliquer le système. Pour des raisons d'économie plus apparentes que réelles les bureaux les plus chargés avaient perdu leur chef de section et les gros internats de l'Université, comptant 403 étudiants répartis en 2 maisons distinctes, avaient vu supprimer tous leurs surveillants : les internats étaient abandonnés au contrôle des délégués élus par leurs camarades et constituant un petit comité d'une quinzaine de membres.

Cette mesure, ayant révélé à l'usage de sérieux inconvénients, a été rapportée et remplacée par une organisation nouvelle qui a fait l'objet de la décision du 8 mars 1926 pour l'administration de l'Université et par les arrêtés des 10 mai et 12 juin 1926 pour l'ensemble de la Direction. Désormais la surveillance et l'économat des internats sont assurés par un personnel français compétent et sûr ; mais pour habituer les étudiants à la pratique de la liberté et pour faciliter le contrôle, des représentants élus des diverses écoles continuent à servir d'agents de liaison entre leurs camarades et l'administration. Ce sytème donne d'excellents résultats grâce à l'autorité personnelle et au tact du nouveau surveillant général et grâce aussi, il faut le dire, pour répondre à des informations inexactes trop longtemps répétées, au bon esprit de la presque unanimité des étudiants de Hanoi.

D'autre part les bureaux de la Direction de l'Instruction publique ont été rendu à leur véritable rôle d'organe universitaire dans lequel le double caractère administratif et technique est également marqué dans toutes les parties du service. Débarrassés de leur complément temporaire ou accessoire, chargés chacun d'attributions définies et cohérentes, placés au point de vue administratif sous la direction d'un Chef du Secrétariat et des Bureaux, accrus d'un 4ᵉ Bureau et d'un Secrétariat de l'Inspection, pourvus enfin d'un personnel suffisant et bien spécialisé, les Bureaux de la Direction générale de l'Instruction publique sont désormais analogues à ceux des organisations similaires de la Métropole et vont pouvoir remplir la tâche délicate à laquelle ils sont destinés.

Il n'est peut-être pas inutile d'ajouter que, malgré huit créations d'emploi, le projet de budget de 1927 se présente pour les services de la Direction générale de l'Instruction publique avec une diminution de dépenses de personnel de 16.325 $ sur lesquelles 10.132 $ constituent une diminution effective, le surplus correspondant à l'augmentation du taux budgétaire de la piastre.

3°) *Réorganisation des organes de contrôle et d'impulsion.* — Au Directeur général de l'Instruction publique sont directement rattachés des Inspecteurs chargés de seconder leur chef dans les diverses missions qu'il leur confie et qui sont, tant auprès du personnel qu'auprès des Chefs locaux et des Administrations locales, les véritables agents de liaison du Directeur de l'Instruction publique.

Mais jusqu'ici, pour diverses raisons, deux seulement d'entre eux, l'Inspecteur des Lettres et celui des Sciences se trouvaient en permanence auprès de leur chef, leur action tendant d'ailleurs à devenir plutôt celle de conseillers techniques du Directeur que celle de missi dominici ; d'autre part, certains établissements, comme le Lycée Albert Sarraut et les Ecoles Normales se croyaient fondés à se soustraire à leur contrôle ; leurs rapports avec les chefs locaux n'étaient pas nettement définis. Enfin, des inspections spéciales, celles des établissements professionnels, du dessin et des écoles normales se trouvaient ou totalement inexistantes ou réduites à presque rien parce que le nombre des établissements à inspecter était infime et que les titulaires cumulaient leurs fonctions avec celles de directeurs d'une école importante en Cochinchine ou à Hanoi. Toutes ces inspections ont été supprimées. Les deux Inspecteurs maintenus ont été déjà et seront plus encore l'an prochain rendus à leur véritable rôle et ont visité cette année tous les pays de l'Union : la création du Secrétariat d'Inspection les déchargera de la tâche bureaucratique et leur collaboration avec le Directeur deviendra ainsi de plus en plus pédagogique et technique ; l'habitude a été inaugurée de les accréditer, à chaque tournée régionale, auprès du Chef de l'Administration locale, par une lettre de service qui définit la mission à eux confiée par le Directeur général de l'Instruction publique et assure ainsi d'une façon correcte la coordination des efforts de tous. Dans une réunion des Inspecteurs et Chefs locaux ont été arrêtées les grandes lignes d'instructions techniques destinées à définir les sphères d'action et les moyens de collaboration de tous à l'œuvre commune ; les instructions seront envoyées pour la prochaine rentrée scolaire.

Cependant même ainsi réorganisée et renforcée l'inspection ne paraît pas suffisante. Sans envisager pour l'instant l'augmentation du nombre des Inspecteurs (qui prennent ainsi caractère de véritables inspecteurs généraux), ni les modifications de statut que l'extension de leur rôle rendra indispensables, il faut signaler l'urgence extrême de la création, au moins sous forme de missions temporaires, d'une inspection de l'Enseignement donné en langue indigène, tant dans les écoles publiques que dans les écoles libres indigènes ou européennes. Actuellement, rien que pour l'enseignement primaire, plus des 9/10 de nos élèves forment une masse d'environ 215.800 enfants ne dépassant pas les trois premiers cours aboutissant au certificat d'études élémentaires indigènes et dans lesquels sauf quelques heures consacrées au français (matière simplement facultative de l'examen), l'enseignement se donne exclusivement en langue locale, en quoc-ngu, en pâli, voire en caractères chinois ; les écoles purement chinoises se multiplient rapidement avec l'afflux de l'immigration et pour des raisons à la fois pédagogiques et politiques, l'enseignement libre indigène a reçu ou va recevoir des facilités. Or la Direction générale de l'Instruction publique ne possède actuellement pas un seul instituteur français capable d'inspecter cet enseignement en langue non française. Il y a ainsi entre la presque totalité des élèves et nous une sorte de muraille de Chine, à travers laquelle il faut à tout prix percer des vues, non seulement pour s'assurer du loyalisme de toutes ces classes mais encore, et peut-être surtout, pour contrôler la valeur pédagogique et pousser au progrès pédagogique de ces organes d'enseignement de tout ordre qui ont droit de cité à divers titres et à qui nous devons également notre impulsion autant que notre contrôle. Le cri d'alarme jeté par la Direction générale de l'Instruction publique a été d'ailleurs entendu : en attendant l'organisation de la préparation à un Certificat d'aptitude à l'inspection de l'enseignement en langues indigènes, M. le Gouverneur général a accepté le principe de missions régionales d'inspection pour lesquelles des négociations sont en cours avec les Administrations locales. Dans notre intérêt comme dans celui de la Colonie, il importe qu'un effort efficace soit très rapidement réalisé.

Pour l'Enseignement professionnel, il faudra attendre la réorganisation actuellement à l'étude avant de prendre une décision ferme. Mais dès la rentrée prochaine l'inspection du dessin, cet enseignement fondamental, cette grammaire de tous les métiers sera assurée grâce aux termes du contrat de M. le Directeur de l'Ecole des Beaux-Arts et elle sera faite en liaison avec les autres inspections.

4°) *Revision du Code de l'Instruction publique.* — M. Albert Sarraut a pris la magnifique initiative de grouper en un corps les règlements et d'unifier ainsi la marche générale de l'Instruction publique. Ce monument, ainsi que le prévoyait sagement son auteur, a dû s'adapter progressivement aux leçons de l'expérience et il a été ainsi surchargé de retouches qui le rendent d'une utilisation difficile. Il avait été d'ailleurs conçu moins sous la forme d'un Code proprement dit que sous celle d'un compendium, d'un répertoire encyclopédique, contenant à la fois un véritable code, des règlements techniques dérivés des principes posés dans le Code, des programmes et des instructions pédagogiques.

Toutes les compétences sont d'accord sur la nécessité de réviser ce travail fondamental mais la Direction de l'Instruction publique a pris d'accord avec l'autorité supérieure, l'initiative de ne pas se borner à remplacer dans l'ancien Code les textes anciens par les multiples arrêtés modificatifs. C'est non pas une réédition de l'ancien Code qui s'impose mais la rédaction d'un nouveau texte fidèle aux principes de l'ancien mais adapté aux conditions actuelles et à l'extension même du service et pouvant servir de guide cohérent et complet.

Il s'agit donc d'un travail de longue haleine qui nécessitera sur certains points des négociations assez difficiles avec les Administrations locales ou avec les Chefs des grands services de l'Indochine. Ces négociations ont déjà commencé ; la réunion des Inspecteurs et Chefs locaux, dont le Directeur général de l'Instruction publique a pris l'initiative, a déjà commencé l'étude des questions techniques que soulève la nouvelle conception. Il conviendra, en outre, d'attendre les décrets et arrêtés réorganisant l'Enseignement supérieur et l'Université de Hanoi. Mais on peut être certain que le prochan rapport au Conseil du Gouvernement apportera, sur ce point essentiel, des réalisations substantielles.

<h3 align="center">B. — L'action d'impulsion et de contrôle.
Conditions dans lesquelles elle peut s'exercer.</h3>

Il importe d'abord, afin d'éviter le maintien et le retour d'erreurs fâcheusement répandues sur l'œuvre scolaire accomplie en Indochine et qui ont eu dans la presse et dans l'opinion, surtout indigène, les plus regrettables répercussions, de bien préciser les conditions dans lesquelles peut s'exercer cette action.

L'obligation scolaire n'existe nulle part en Indochine. La Direction générale de l'Instruction publique ne peut par suite qu'offrir aux populations très variées de l'Union des moyens d'instruction moderne et appropriée aux besoins du pays, sans avoir le droit de contraindre les familles à en user de préférence à d'autres ni d'amener à une école quelconque les enfants que leurs parents veulent garder chez eux. Sans doute chez les peuples les plus civilisés de l'Union, il existe un heureux et indiscutable désir d'instruction, au moins pour les garçons, mais ce désir ne pousse pas nécessairement au progrès de nos écoles : dans les pays cambodgiens et laotiens, il y a obligation rituelle pour les garçons de faire à la bonzerie un séjour où on leur apprend à lire les caractères de leur écriture pour l'interprétation des prières et où on les emploie à la quête matinale et cette obligation est acceptée et accomplie par les parents. Mais ces bonzillons ne sont pas des élèves recevant un enseignement ; ils sont des enfants de chœur qui apprennent à servir les offices et à dire les prières. Les rapports des Chefs locaux de ces deux pays se plaignent justement du peu d'empressement des autorités indigènes à pousser les bonzillons à aller à l'école et des bonzes à ajouter à leur pratique cultuelle un enseignement même rudimentaire ; ils déplorent que, d'une manière générale, les familles ne montrent du goût surtout pour les écoles qui conduisent à l'accès de carrières administratives et qu'elles répugnent à faire instruire leurs filles.

D'ailleurs, pour celles-ci, dès que se manifestent les premiers signes de nubilité, elles doivent « entrer dans l'ombre » et mener une vie très retirée. Là, il est nécessaire d'exercer une propagande active pour accroître nos écoles et leurs effectifs et il faut qu'à un véritable esprit d'apostolat des maîtres s'ajoute une action morale pressante de l'Administration locale. Chez les Annamites où la tradition des concours et la longue durée de l'influence chinoise ont développé un état d'esprit beaucoup plus voisin du nôtre, il y a, surtout pour les garçons qui se destinent aux carrières de fonctionnaires ou d'employés, un goût très vif pour le diplôme plus encore que pour les études proprement dites ; mais dans les familles qui constituent la véritable réalité sociale, on tient essentiellement à l'enseignement de la morale traditionnelle et des caractères chinois et toutes les fois qu'on le peut ce qui est fréquent chez un peuple où les enfants sont nombreux, on aime à donner l'enseignement dans la famille par un maître choisi par elle. L'immense masse des producteurs (paysans, ouvriers, coolies, etc.) a besoin de faire travailler ses enfants de bonne heure et ne désire pour eux que des classes réduites à un minimum de temps et de connaissances. Là encore, malgré des conditions plus favorables, il faut faire effort pour généraliser nos écoles et leur enseignement plus moderne et plus conforme aux besoins actuels de progrès de l'Indochine. Il faut faire plus grand effort encore pour amener peu à peu les filles à l'école : en Cochinchine qui est le pays le plus évolué, il y a une école de filles pour 10 de garçons. Il faut faire effort aussi pour amener l'élite des élèves à un premier sentiment de la culture désintéressée, recherchée pour sa valeur propre et non exclusivement pour les carrières administratives ou bureaucratiques auxquelles elle peut conduire.

D'ailleurs la situation se complique encore du fait qu'à côté des deux civilisations dominantes, il y a de nombreux peuples arriérés ou étrangers qui ne demandent pas à entrer dans notre mouvement scolaire ou qui résistent parfois pour des raisons de rivalité de races. C'est ainsi que les Chinois multiplient leurs écoles privées qui, dans le territoire de Kouang-tchéou-wan, constituent non seulement l'élément scolaire principal, mais encore une organisation officielle dont les études et examens sont conformés au Code de l'Enseignement de la République chinoise. C'est ainsi qu'au Laos les natifs n'ont osé « affluer » à l'école que lorsqu'on a constitué pour eux des classes distinctes de celles réservées aux immigrants annamites. De même pour toutes les populations des hautes régions, si nuancées de race et pour lesquelles il est facile de concevoir qu'on ne saurait songer à créer un personnel et un enseignement dans la langue de chacune d'elles, l'emploi du quoc-ngu ou du pâli, langues dominantes, est à la fois un obstacle et une cause de défiance.

Ainsi l'examen des faits montre que, contrairement à l'opinion répandue, nous avons, sauf dans la plus grande partie de la population annamite, non pas à nous hâter de répondre à des besoins qui dépasseraient toujours nos moyens d'action mais à faire œuvre de propagande et d'action administrative pour introduire et généraliser progressivement l'enseignement même le plus adapté aux besoins généraux du pays. Partout d'ailleurs, sauf pour une infime élite, les filles restent réfractaires. Le seul moyen d'apprécier vraiment l'effort de la France en Indochine en matière d'enseignement est donc de montrer les progrès annuellement accomplis et non pas de comparer les effectifs des écoles publiques à une prétendue population scolaire théorique qu'il est du reste impossible d'établir d'une manière positive. Pour déterminer cette prétendue population scolaire théorique, on est parti d'un principe faux. On a déclaré que les enfants des deux sexes pouvant être considérés comme tenus d'aller à l'école de 8 à 13 ans ; soit pendant la période de l'obligation scolaire primaire en France, il suffisait de déterminer la partie de la population totale comprise entre 8 et 13 ans et d'en comparer l'effectif aux effectifs présents dans nos écoles pour apprécier l'œuvre accomplie. Et, comme on ne peut par des dénombrements réels ou par des tables de mortalité positives spéciales à l'Indochine déterminer la partie de la population totale allant de 8 à 13 ans, on a supprimé que la durée moyenne dans la vie des indigènes était de 50 et que le 1/50 de la population totale devait se trouver à chaque année d'âge scolaire. C'est sur des comparaisons de ce genre qu'on a fondé l'affirmation de l'insuffisance et de la stagnation de l'œuvre de l'Instruction publique en Indochine.

Il est temps de mettre en face de cette campagne et de résumer par des chiffres le magnifique effort scolaire accompli par la France en Indochine, effort qui peut supporter sans la moindre crainte la comparaison avec ce qui a été fait, toutes choses égales d'ailleurs, dans les autres établissements d'outre-mer. Par un contraste qui n'est d'ailleurs pas sans intérêt, c'est justement au moment où les résultats des efforts cohérents accomplis par la Direction générale de l'Instruction publique deviennent les plus satisfaisants qu'on prétend constater qu'elle n'a point accompli intégralement la tâche, lourde d'ailleurs, qui lui incombe.

L'ŒUVRE DEJA ACCOMPLIE

1. — *Le principe.*

Le principe d'action scolaire a été établi depuis longtemps. Dès le 11 avril 1906, le Gouverneur général Paul Beau, qui fut ici le véritable continuateur de Paul Bert, disait dans son discours au Conseil de perfectionnement de l'enseignement indigène : « créer un personnel d'interprètes et d'auxiliaires parlant français tel fut évidemment la première occupation de ceux qui, après la fuite des mandarins annamites avaient la lourde tâche de pacifier et d'organiser le pays. Il était donc naturel que tout leur effort se portât vers l'enseignement du français » mais Paul Beau ajoutait que pour tout ce qui touche les notions élémentaires des sciences et les connaissances usuelles, on trouverait dans l'annamite ou le pâli les ressources nécessaires pour faire de ces langues domaniales le véhicule de l'enseignement et que c'était en ce sens qu'il fallait orienter les écoles. Après une période d'essais et de tâtonnements qu'on pourrait appeler la période héroïque non seulement à cause des difficultés de tout ordre auxquelles on s'est heurté mais encore à cause de l'admirable dévouement d'un personnel improvisé, aux plus belles figures duquel il faudra bien qu'on rende l'hommage qui leur est si bien dû, le Gouverneur général Albert Sarraut en 1918, d'un geste aussi hardi qu'heureux a tracé le plan d'ensemble de l'édifice et ses directives essentielles qui demeurent encore celles d'aujourd'hui. Il a créé en 1920 l'organe central de contrôle et d'action de la Direction de l'Instruction publique devenue en 1925 la Direction générale de l'Instruction publique. Albert Sarraut, partant du principe que la puissance protectrice doit à la fois assurer à ses enfants et à ses protégés la faculté de s'instruire dans leur plan national et soulignant le fait que les Indochinois appartiennent à des races douées de qualités consciemment originales, concluait que notre devoir de Nation colonisatrice, la logique et l'opportunité commandaient l'installation de deux enseignements parallèles complets, l'un français pour les enfants français, l'autre franco-indigène pour les enfants indigènes. C'est d'après ce principe qu'ont été rédigés les programmes et le Code de l'Instruction publique qu'il suffit de lire pour voir jusqu'à quel point le souci d'adaptation aux besoins locaux a dominé toute l'œuvre. En particulier, pour l'enseignement secondaire franco-indigène, Albert Sarraut voulait que la sanction en fût un certificat constituant pour les indigènes un véritable baccalauréat indochinois où trouveraient place les humanités extrême-orientales. C'est d'ailleurs ce qui a été fait ensuite.

Depuis la création de la Direction de l'Instruction publique, le développement du plan Sarraut s'est poursuivi. Il se trouve, sans doute, des impatients qui, péchant par simple ignorance de l'œuvre réalisée, regrettent que tout n'ait pas été fait dans le court espace de 8 ans. Il se trouve aussi des gens de bonne foi qui croient que nous avons imposé à tout le monde les programmes de France, et qui s'irritent que les premières générations d'élèves indigènes, qui arrivent seulement à l'âge d'homme et n'ont pas été que des générations de transition, n'aient pas déjà pleinement réalisé l'idéal de M. Sarraut. Bornons-nous à remarquer que la nouvelle organisation a été créée en 1918 seulement ; que l'élite indigène qu'elle doit former commence à peine à arriver aux grandes écoles de l'Université de Hanoi ou au Baccalauréat. Ne commettons pas l'erreur qu'en France ont commise les adversaires de la réforme de l'enseignement secondaire de 1902 qui se plaignaient dès 1910 qu'elle eut abaissé le niveau de la culture des jeunes ingénieurs, alors qu'elle n'avait pas encore amené un élève au Baccalauréat. Seulement, malgré le parallélisme théorique des deux enseignements français et franco-indigène, l'expérience et la nature ont conduit à des résultats absolument inégaux dans les deux branches.

2. — L'enseignement français.

La clientèle d'élèves français, en raison du petit nombre des fonctionnaires et colons, est restée très peu nombreuse et ne s'accroît que tout à fait lentement. Elle atteignait en tout, garçons et filles réunis, 2.525 élèves en 1925 et 2.801 en 1926. Et comme beaucoup de jeunes enfants sont laissés dans la Métropole ou gardés à la maison par les familles, 742 unités seulement sur 2.801 appartiennent aux classes primaires. Aussi l'enseignement proprement français tend-il, de plus en plus, à se concentrer dans un petit nombre d'établissements que l'on s'efforce d'organiser selon les règles les plus parfaites de confort et d'hygiène de manière à égaliser sinon à dépasser les meilleures maisons métropolitaines et à permettre aux enfants français de mieux résister à l'influence déprimante du climat. Ces établissements sont actuellement au nombre de 2 pour l'enseignement secondaire (Chasseloup-Laubat à Saigon, Lycée Albert Sarraut à Hanoi) et de 5 pour l'enseignement primaire supérieur ; le nombre des écoles primaires françaises tend à diminuer (31 seulement en 1925). Ainsi, par la force des choses, la première partie du plan Sarraut aboutit à la concentration des efforts sur l'adolescence française et sur un petit nombre de maisons, pour l'accès desquelles toutes les facilités possibles devraient être données et où la coéducation qu'on a été obligé d'adopter pour le secondaire a pu se développer sans créer le moindre incident. Ici l'œuvre pourrait être considérée comme achevée le jour où l'on aurait atteint les résultats suivants :

1° Trois lycées français complets ouverts aux deux sexes, comprenant toutes les classes depuis le *Jardin d'enfants*, ayant pour filles et garçons des internats distincts, possédant des terrains de jeux et une organisation sportive qui permettent de supprimer les promenades fastidieuses (et ici dangereuses à cause du climat), complétés enfin pour Saigon et Hanoi par une colonie de vacances en altitude. De ces maisons une existe à Hanoi, mais il lui manque encore la station d'altitude et l'internat féminin. Il suffira de lire le rapport spécial du Lycée Albert Sarraut pour se rendre compte des nombreuses améliorations matérielles, pédagogiques et morales qui y ont été apportées ou entreprises en cours de cette année. Son budget de 1927 présente cependant une économie réelle de 2.800 $. A Saigon, un projet est arrêté qui, par une opération analogue à celle déjà exécutée à Hanoi, séparera l'établissement français de l'établissement franco-indigène et donnera, avant peu, un Lycée dont la Cochinchine tient à faire une maison modèle à tous égards. Enfin, grâce à l'initiative du Résident supérieur en Annam, on a repris cette année l'étude du projet de construction à Dalat d'un vaste lycée français d'altitude et de plein air qui pourrait, en temps de vacances, servir de station de repos à ceux des collégiens français qui ne pourraient rentrer dans leur famille.

2° Pour l'enseignement primaire supérieur, le Tonkin a déjà trouvé presque complètement la solution suffisante avec son école de jeunes filles françaises à Hanoï et à Haïphong. Il ne reste plus qu'à résoudre la question des colonies de vacances, où l'on en est encore à la période des essais. Par ailleurs, la question ne se pose pas pour le Laos ni pour le Cambodge en raison du petit nombre des enfants (qui pourraient d'ailleurs être reçus à Hanoï ou à Saigon) ni pour l'Annam où, en attendant la réalisation du projet de Lycée de Dalat, il a suffi d'ajouter dans deux ou trois localités importantes quelques cours d'enseignement primaire supérieur français à l'établissement secondaire franco-indigène. C'est en Cochinchine surtout qu'il y a à achever l'effort déjà entrepris. Des réalisations sont en cours, mais il y aurait lieu de les activer.

Quant aux écoles primaires françaises. aucune extension n'est à prévoir sinon la création d'internats là où cela sera nécessaire : la clientèle est surtout composée par les enfants des petits fonctionnaires souvent éparpillés dans le pays ; il importe que la résidence parfois lointaine et écartée des parents ne soit pas un obstacle aux études de leurs fils ou filles et que ceux-ci, s'ils doivent quitter la famille, soient hébergés dans des conditions qui offrent toute garantie. Seulement trois questions complémentaires se posent pour le recrutement des élèves de l'enseignement français.

La réglementation actuelle, exigeant 5 ans de présence en Indochine pour obtenir une bourse, écarte les fils des militaires. Il y a là une injustice à réparer. M. le Gouverneur général a accepté le principe de cette réparation qui sera bientôt un fait accompli.

D'autre part, un assez grand nombre d'indigènes désirent vivement poursuivre ou achever leurs études dans les établissements secondaires français. Or, si Albert Sarraut n'a pas voulu leur en interdire l'accès il est évident qu'on ne saurait l'étendre sans bonnes raisons et qu'on devrait le réserver à une élite poursuivant des buts spéciaux que l'enseignement franco-indigène ne saurait satisfaire. La clientèle indigène qui devrait y venir est au fond celle qui va dans les Lycées de France où elle n'est vraiment pas à sa place, partant trop tôt et trop loin du pays natal pour pouvoir ensuite y revenir évoluer sans heurts dans son plan national. On retrouvera cette question plus loin.

Enfin dans quelle mesure doit-on et peut-on organiser à Hanoi des études d'enseignement supérieur semblables à celles de France et permettant à des jeunes gens français de terminer tout le stade d'enseignement ici. On retrouvera plus loin cette question.

En tout cas, un réel progrès dans le recrutement du personnel enseignant a été accompli cette année surtout au Tonkin ; le nombre des agrégés, des licenciés et des certifiés a été augmenté et la mise au point du projet de bourses d'Indochine à l'Ecole Normale supérieure de St Cloud donnera régulièrement quatre maîtres de choix par an dans cette dernière catégorie.

C. — L'enseignement franco-indigène : progrès généraux.

Par une évolution qu'il était facile de prévoir l'enseignement franco-indigène organisé par Albert Sarraut s'est transformé avec une rapidité extrême et s'est développé à tous les degrés d'une manière presque déconcertante, qui a obligé à prendre, pour assurer le recrutement des professeurs qualifiés, toute une série de très importantes mesures de transition.

Pour définir ce progrès, il faut se placer à deux points de vue successifs. D'une manière générale, écoles, maîtres, élèves, outillages scolaires, etc.. se sont accrus de plus en plus en quantité et en qualité au point de constituer, dès maintenant, un imposant et réconfortant ensemble, sauf pour l'enseignement professionnel qui, malgré les très intéressants efforts d'un petit nombre d'écoles spéciales, attend encore ses directives. D'autre part, cet enseignement local s'est divisé en deux branches qui ne correspondent plus exactement aux degrés prévus par le Code, mais qui correspondent de plus en plus étroitement aux besoins fondamentaux du pays. On se bornera pour l'instant, à retracer rapidement les progrès généraux accomplis en réservant pour un exposé particulier le tableau des réalités universitaires indochinoises fondamentales.

Il n'y a d'ailleurs qu'à laisser parler les chiffres et les faits.

De juillet 1922 à juillet 1926, c'est-à-dire, en quatre années, le nombre total des élèves des divers établissements publics d'enseignement francoindigènes est passé de 165.262 à 238.708 soit une augmentation globale de 73.446 unités ou 45 % et une augmentation moyenne annuelle de 18.360. En 1925, les effectifs étaient passés de 192.861 à 213.977 soit une augmentation de 21.116 unités. En 1926, l'augmentation a été de 24.731 unités, malgré les grèves scolaires qui ont, par suite des sanctions prises, diminué les effectifs de 1.500 élèves. Si le progrès se maintient à cette cadence, en 1930, date où s'achèvera le plan quinquennal, plus de 350.000 indigènes se trouveront dans nos établissements publics.

De juillet 1922 à juillet 1926, c'est-à-dire, en quatre années le nombre des établissements est passé de 3.047. à 3.500 soit une augmentation globale de 453 ou plus de 16 % malgré la fermeture d'un nombre notable d'écoles qui avaient été ouvertes dans des localités où la population scolaire s'est, à l'expérience, trouvée trop faible. La révision de la carte scolaire s'est poursuivie cette année activement et a abouti, en concentrant mieux les efforts, à augmenter le nombre des classes. C'est ainsi qu'au Tonkin, malgré la suppression de 17 écoles, il y a 136 classes de plus ; en Cochinchine, l'effort de création a presque exclusivement porté sur les écoles de plein exercice. L'augmentation moyenne annuelle a été ici de 123 écoles ; elle dépasse légèrement ce chiffre en 1926 malgré le réajustement de la carte scolaire aux besoins réels (134 écoles de plus).

De juillet 1922 à juillet 1926, c'est-à-dire, en quatre années le nombre des maîtres est passé de 3.517 à 6.194 soit une augmentation globale de 2.677 ou 76 % et une augmentation moyenne annuelle de 669 unités. Pour l'année 1925-1926, l'augmentation supérieure aux précédentes, a été de 1.562 soit 2 fois et demie plus que la moyenne annuelle. Cette poussée tient surtout à la nécessité d'assurer à tout prix une extension suffisante de l'enseignement élémentaire en langue indigène, ce qui a amené, particulièrement en Annam, une augmentation des instituteurs communaux. Parallèlement à cette extension ont été accrus et renforcés les moyens de perfectionnement pédagogique inaugurés en 1925 pour tout le personnel auxiliaire.

Par application du même désir a été inaugurée une collaboration plus active avec l'enseignement privé. Celui-ci profondément modifié par sa nouvelle charte le décret du 14 mai 1924, se compose en Indochine de deux éléments fondamentaux :

1°) *Un enseignement européen*, laïque ou confessionnel, ce dernier composé en partie de missions espagnoles pourvues d'un statut réglé par un acte diplomatique. Cet enseignement privé européen est le moins nombreux et aussi le seul qui comprenne quelques établissements d'enseignement français primaires ou primaires supérieurs avec un lycée laïque franco-chinois dont les statuts ont été remaniés et revisés cette année d'accord avec la Direction de l'Instruction publique. Dans l'ensemble, cet enseignement privé européen constitue un élément de colonisation dont on doit exiger sans doute un loyalisme absolu et qui ne manque en rien à ses devoirs, mais qui a été très peu touché par l'application du nouveau décret.

2°) *Un enseignement privé indigène* réduit presque exclusivement au degré élémentaire, très varié dans sa composition et dont les méthodes et les résultats sont presque toujours rudimentaires ; les écoles de pagode qui comptent 47.000 bonzillons en constituent l'élément le plus volumineux, sinon le plus parfait ; les écoles tenues par les anciens lettrés surtout nombreuses au Tonkin et en Annam et très variées en ce dernier pays, avaient été fortement atteintes par l'application littérale du décret. Or, si ces lettrés donnent surtout un enseignement de caractères chinois et de morale ou un enseignement médiocre en quoc-ngu, ils forment un corps de maîtres encore important et que nous ne saurions remplacer au pied levé, non seulement pour des raisons de personnel mais encore pour des raisons pécuniaires. C'est pourquoi un arrêté du Tonkin, pris d'accord avec la Direction générale de l'Instruction publique, a autorisé à titre de transition l'ouverture d'écoles privées par les titulaires de l'un des trois anciens certificats suivants : Admissibilité à la première épreuve des concours triennaux, aptitude à l'enseignement du 1ᵉʳ degré, Khoa-sinh. En Annam, où la situation est plus complexe, des négociations sont en cours entre Résident supérieur et Directeur général de l'Instruction publique pour un arrêté analogue. Enfin de nombreuses demandes d'ouverture d'écoles chinoises, sur chacune desquelles un contrôle beaucoup plus sévère que jadis a été institué par la Direction générale de l'Instruction publique, sont venues accroître le contingent déjà important de cet enseignement étranger. Les écoles indiennes de Cochinchine ou malaises du Cambodge sont encore en nombre infime et ne paraissent pas devoir prendre un grand essor.

En tout cas pour l'enseignement privé, une question de principe se pose désormais. Ne doit-on pas le considérer comme destiné à évoluer lui aussi, sans perdre son originalité, dans le même sens de progrès que l'enseignement public et par conséquent la Direction générale de l'Ins-

truction publique ne doit-elle pas prendre l'initiative d'user de son con
trôle pour y déterminer une amélioration pédagogique destinée à la rapprocher du niveau de l'enseignement public. Il semble que sur ce point
les Administrations locales soient unanimes à répondre par l'affirmative.
Les Résidents supérieurs en Annam, au Cambodge et au Laos insistent
même beaucoup en ce sens. Or, l'enseignement privé, dans son ensemble, ne saurait constituer pour l'enseignement public un rival dangereux. Si l'on en défalque les écoles de pagodes, qu'il sera bien difficile
et en tout cas fort long de transformer en véritables établissements d'instruction, l'enseignement privé compte en tout approximativement 500
écoles, 990 maîtres et 23.421 élèves. L'enseignement privé européen ne
paraît pas appelé à s'étendre, l'enseignement privé annamite ne subsis-
tera qu'à titre de transition. Dans ces conditions, la Direction générale
de l'Instruction publique n'a aucune raison de s'opposer à une collaboration plus intime qui, sans gêner le développement de l'Instruction
publique, peut contribuer au bien général. Le projet d'organisation de
l'inspection en langue indigène, actuellement à l'étude, pourra fournir
une solution pratique.

D. — **Le plan quinquennal.**

Tout l'ensemble des progrès à accomplir est d'ailleurs déterminé pour
une période de cinq années finissant en 1930 par un accord de principe
établi entre les Administrations locales et la Direction générale de l'Instruction publique et à l'exécution ou aux modifications duquel celle-ci
doit seulement veiller. Conformément à la circulaire du Gouverneur général du 14 octobre 1924, les Administrations locales ont, en 1925, indiqué, année par année, les réalisations prévues, les crédits qui, selon
l'urgence et les disponibilités budgétaires, seront affectés aux construc-
tions, aux agrandissements, au matériel scolaire, au personnel. « Ainsi
se trouve délimité avec des échéances fermes, le cadre précis dans lequel
pourra et devra s'opérer l'extension progressive de l'enseignement
public ».

Le Directeur général de l'Instruction publique ne peut que constater
que les engagements pris ont été tenus et parfois au delà des prévisions,
sauf quelques impossibilités budgétaires, notamment en ce qui touche
la construction de l'Ecole normale de Hué. Le Cambodge a accompli un
effort particulièrement méritoire : de 1922 à 1926 son budget d'enseignement est passé de 497.000 $ à 698.000 $ soit une moyenne de
50.000 $ par an, dépassée en 1926. Une récente circulaire du Directeur
général de l'Instruction publique vient d'indiquer aux Chefs locaux la
nécessité de le renseigner en détail et avec précision, par application du
droit de regard inscrit dans le décret du 2 mai 1920, sur la progression
de ce plan quinquennal.

II

L'ENSEIGNEMENT POPULAIRE INDOCHINOIS

A. — **Définition générale.**

Le plan Sarraut prévoyait pour l'enseignement franco-indigène 3 degrés calqués sur ceux de France, savoir :

1° Un enseignement primaire ou du 1er degré terminé par un certificat d'études primaires franco-indigènes et comprenant 5 cours (enfantin, préparatoire, élémentaire, moyen et supérieur) ;

2° Un enseignement du 2e degré faisant suite au 1er et divisé en 2 étages successifs ; 3 années de primaire supérieur, terminées par un diplôme et 2 années secondaires terminées par un baccalauréat local. A chacun des étages correspondait un étage d'enseignement professionnel: d'une part, les écoles du 1er degré ouvertes aux élèves pourvus du certificat d'études primaires, d'autre part, les écoles du 2e degré ouvertes aux élèves pourvus du Brevet élémentaire ou du Brevet d'enseignement primaire supérieur ;

3° Un enseignement supérieur constitué à Hanoi par un ensemble d'écoles spéciales réunies sous le nom commun d'Université et qui, en principe, devaient être ouvertes aux jeunes gens pourvus du Baccalauréat local et limitées à satisfaire les besoins du personnel indigène des cadres latéraux ou auxiliaires des grands services publics indochinois.

Or, après 8 ans d'expérience on se trouve sous l'ombre d'un doute en présence de réalités qui ne correspondent plus exactement à ce plan.

La presque totalité des effectifs et des établissements est composée d'enfants qui ne viennent à l'école que pour 3 ans au plus, c'est-à-dire, qui ne dépassent pas le cours élémentaire et pour lesquels les désirs et les possibilités des parents en matière scolaire, sont satisfaits complètement par la possession du Certificat d'études élémentaires indigènes. Pour cette clientèle, il faut un enseignement en langue indigène mettant à sa portée les connaissances élémentaires les plus indispensables et un enseignement complémentaire de français et surtout de français parlé.

Les statistiques sur ce point sont tout à fait significatives. Sur 238.708 élèves pour tout l'enseignement franco-indigène, 215.800 soit plus des 9/10 ne dépassent pas les 3 premiers cours. Au Tonkin, cette population scolaire spéciale forme 91 % du total ; en Cochinchine, elle s'élève à 93 %. C'est d'ailleurs pour ces petites écoles que la progression des effectifs est la plus marquée. Pour me borner aux exemples les plus caractéristiques, au Tonkin, elles représentaient, il y a 4 ans, 64 % seulement de la population scolaire ; aujourd'hui elles représentent les 91 %; en Cochinchine déjà plus évoluée, elles arrivent à 72 % du total.

Le Chef local du Laos a défini nettement cette situation : « Le cycle élémentaire constitue un tout qui ne sera pas dépassé par les 9/10 au moins de la population, parce que l'immense majorité des enfants ne peut réellement pas consacrer à l'école plus de 3 ans et parce qu'à part ceux d'entre eux qui veulent devenir fonctionnaires ou employés les enfants n'ont pas un besoin urgent d'acquérir une connaissance approfondie de la langue française, dont l'étude et l'emploi sont la caractéristique dominante des cours moyen et supérieur. L'enseignement des écoles élémentaires est et doit rester l'enseignement populaire indochinois ; c'est lui qu'on doit répandre partout parce que c'est lui qui répond le mieux aux mœurs et aux besoins de nos protégés et sujets au développement et à la mise en valeur de la Colonie ».

Ainsi la coupure entre les divers degrés de l'enseignement franco-indigène s'est établie plus bas que ne le comptait le plan initial et elle a réduit l'édifice à deux étages : en bas, un vaste enseignement populaire devant former un tout complet et qui se suffit à lui-même ; au-dessus un enseignement très restreint, limité de 7 % à 10 % de la masse scolaire et destiné à recruter une élite de plus en plus spécialisée à mesure qu'elle s'élève : cette élite pourra, à chaque degré, s'ouvrir une porte de sortie vers une carrière d'administration ou de direction, la porte la plus élevée étant destinée à donner l'accès de plein pied à des postes identiques ou égaux à ceux occupés jusqu'ici exclusivement par les Français.

C'est cette constatation nécessaire et primordiale que la Direction générale de l'Instruction publique a tenu à dégager et à proclamer cette année et dont elle s'est inspirée pour les efforts divers d'amélioration qui ont été envisagés, proposés ou réalisés dans l'enseignement franco-indigène.

B. — **L'enseignement populaire indochinois**

Les écoles élémentaires indigènes ont reçu leur organisation générale grâce à une série de mesures dues à l'initiative de la Direction générale de l'Instruction publique et qui ont eu leur couronnement dans les arrêtés du 18 septembre 1924 instituant à la fois la langue indigène comme véhicule de l'enseignement aux trois premiers cours et créant un certificat d'études élémentaires indigènes avec épreuve facultative de français et de caractères. Ces créations n'étaient d'ailleurs pas en contradiction avec les principes posés par le Code Sarraut ainsi qu'on l'a justement fait remarquer.

A un enseignement déterminé, il faut des locaux, des maîtres, des programmes et des livres. Or sur ces divers points, les réalisations n'ont pas marché du même pas.

Au point de vue matériel, il était évidemment impossible de fournir d'un coup et partout des maisons d'école proprement dites ou même des maisons aménagées spécialement en vue de l'usage scolaire. Aussi a-t-on eu de tout temps, recours à des installations de fortune : pagodes, marchés, maisons communes, dinh, van-chi ou en Annam, anciennes écoles de Huan-dao, ou Giao-tho, prêtées par le Gouvernement. Mais d'une part, la Direction de l'Instruction publique a fait établir un certain nombre de types d'écoles pouvant être reproduits en séries et aussi bon marché que possible par les Administrations locales, au fur et à mesure de leurs disponibilités budgétaires ; le plus commun de ces types est le type « Emprunt ». De plus, la Direction de l'Instruction publique et les Administrations locales se sont mises d'accord pour prévoir une transformation aussi rapide que possible des installations provisoires (paillotes ou torchis) en installations en briques ou écoles modèles. Sur ce point la transformation se poursuit d'une manière croissante. Mais jamais la question des locaux n'a constitué une entrave sérieuse au progrès de l'Instruction publique. Partout d'ailleurs, la méthode se généralise d'inscrire au Budget local une somme élevée, destinée à servir de fonds de concours pour les villages qui ont trouvé chez eux les ressources pour l'édification de leurs écoles : c'est la bonne méthode. Mais dans les pays où il y a le plus à faire (Annam, Laos, Cambodge) une subvention spéciale du Budget général serait vraiment utile. Au Tonkin, 85 % des écoles rurales sont encore installées dans les locaux provisoires mais 20.000 $ 00 ont été prévues comme fonds de concours et cette année 74 écoles ont été ouvertes. En Annam, presque toutes les écoles sont encore en paillotes. Mais certaines provinces riches, celle de Thanh-hoa en première ligne, ont accompli de grands progrès. En Cochinchine, 10 % seulement des bâtiments n'ont pas été construits pour une destination scolaire, mais au total 44 % seulement des édifices sont en maçonnerie, 30 % sont en bois et 15 % en torchis et paillotes. Au Cambodge, on a commencé cette année à demander aux khums une participation aux constructions scolaires. Au Laos, 6 classes du type emprunt ont été ouvertes : 10 écoles formant 15 classes ont été édifiées en torchis ou bois dont 1 en pays meo.

Pour les maîtres, l'effort trop peu connu accompli depuis la création de la Direction de l'Instruction publique a été poussé cette année dans une voie nouvelle. L'arrêté du 19 novembre 1924 avait décidé que chaque pays de l'Union aurait 2 écoles normales. Aujourd'hui, 4 écoles normales fonctionnent déjà (2 à Hanoi, 2 à Saigon). La création d'une 5e à Cantho vient d'être décidée et elle ouvrira dès la rentrée prochaine. Des cours normaux ont été institués à Hué, à Phnom-penh (ouverte cette année) et à Vientiane (ouverte cette année avec 2 sections : une annamite et une laotienne). Il vient d'en être aussi créés à Nam-dinh et surtout à Vinh, Qui-nhon et à Hanoi, ces trois derniers destinés à préparer ou perfectionner les maîtres des Hautes Régions : ainsi commencera la pénétration scolaire méthodique des peuples Moïs, Thaïs, Muongs et Meos. Dans le Haut-Tonkin, cette année, 24 écoles donnant 36 classes ont pu être ouvertes. Déjà on peut entrevoir le jour où le nombre des institutrices sera assez grand pour qu'on entretienne les écoles maternelles ou jardins d'enfants. Les fillettes ne viennent en effet que tout à fait lentement à l'école primaire : au Tonkin même elles ne forment que 4 % des effectifs ; au Cambodge, leur nombre ne s'est accru en un an que de 11 unités. D'autre part, la grandeur des promotions a été sans cesse croissante de 1922 à 1925 le nombre des élèves-maîtres est passé de 244 à 746, soit une poussée de 300 %. Pour les filles, il est passé de 0 à 124. Cette année, les écoles normales de Hanoi ont doublé leurs promotions ; celle de Saigon a élevé les siennes de 80 à 100 et l'ouverture de Can-tho permettra bientôt d'avoir assez d'élèves-maîtres pour suffire aux besoins de personnel de la Colonie. Pour la préparation d'instituteurs qualifiés, on approche du moment où il n'y aura plus qu'à laisser agir le temps. Les améliorations pédagogiques et matérielles se poursuivent d'ailleurs avec la même rapidité, notamment à Hanoi.

Cependant comme il a fallu aboutir tout de suite, le service de l'Instruction publique a fait appel partout à un personnel provisoire ou auxiliaire dont la formation intellectuelle et pédagogique était insuffisante et qu'on a dû perfectionner rapidement et à tout prix. Les moyens les plus variés ont été employés, grâce au bienveillant appui des Administrations locales. Les cours de perfectionnement de 2 à 6 semaines, inaugurés aux vacances dernières et suivis par 1.249 auxiliaires ; c'est-à-dire, par 43 % du cadre (dont 725 ou plus de la moitié pour l'Annam) n'ayant pas paru donner au point de vue de la pratique pédagogique tous les résultats attendus, les Chefs locaux ont été invités cette année à compléter ce procédé par des réunions régulières au centre de chaque province de manière à faire assister ces maîtres à des classes modèles. L'Annam, pour qui ces moyens de transition ont une particulière importance, propose même d'envoyer les meilleurs de ses instituteurs titulaires à l'Ecole de Pédagogie afin d'en faire plus tard de bons directeurs ou inspecteurs indigènes. L'idée mérite d'être retenue. Pour la première fois a été appliqué cette année l'arrêté du 18 septembre 1924, créant pour les instituteurs auxiliaires un Certificat d'aptitude pédagogique franco-indigène sans lequel ils ne pourront plus être titularisés ; sans être brillants, les résultats obtenus ont été très encourageants. Enfin, en vue de mettre à la disposition de tous les maîtres des moyens de culture personnelle en même temps que des guides pour leurs élèves, les journaux pédagogiques, spéciaux aux écoles élémentaires (Hoc-bao, Su-pham-hoc-khoa, Bulletin élémentaire franco-khmer), seront pour la rentrée, modifiés profondément, ce qui entrainera une refonte du Bulletin de l'Instruction publique. La réforme du Su-pham-hoc-khoa permettra du reste au budget de la Cochinchine une économie de 20.000 $ 00.

Les programmes de l'enseignement populaire indochinois sont encore ceux établis par Sarraut. Peut-être auraient-ils besoin de quelques retouches pour certaines matières, surtout en raison de la nécessité de faire des trois premiers cours un tout complet, mais pour éviter de gêner l'essor de cet enseignement, la Direction générale de l'Instruction publique a préféré se borner à introduire dans le texte des manuels, au fur et à mesure des éditions et rééditions successives, les modifications nécessaires. Les manuels d'Histoire, de Géographie et de Français auront, à ce sujet, une importance spéciale. Le français est déjà enseigné partout où il y a des maîtres qualifiés, c'est-à-dire, dans 80 % des écoles (86 % au Tonkin) et à 85 % des élèves (91 % au Tonkin) suivant une progression croissante. Le quart de l'horaire hebdomadaire est, dans l'ensemble, accordé. Mais, la méthode de lecture en langue indigène étant très différente de la méthode alphabétique française, la Direction générale de l'Instruction publique a pris l'initiative d'emprunter à la méthode globale Cuong des procédés de simplification dont l'usage, après expérience, fera l'objet d'instructions pédagogiques. Aussi les manuels de français devront-ils faire l'objet de soins tout particuliers.

Pour les instruments de travail destinés à l'enseignement populaire indochinois la Direction de l'Instruction publique a accompli une œuvre originale dont le succès dépasse toutes les prévisions.

L'arrêté du 14 octobre 1924 avait prévu la publication, au moyen de crédits budgétaires qui ne constituent que des avances remboursables, d'une série de manuels et de tableaux muraux dans les deux langues indigènes dominantes. On voulait ainsi rendre accessibles, à un prix infime, à la masse de la population, les notions élémentaires appropriées à ses besoins et au progrès de la civilisation. Ce principe était excellent mais l'organisation administrative destinée à le réaliser avait été conçue d'une manière un peu compliquée. Pour la rentrée de septembre 1925, aucun manuel n'avait encore paru ; le premier n'a été imprimé qu'en fin octobre. De plus, le désir de diffuser ces manuels, c'est-à-dire de les mettre à la disposition du public au même prix qu'aux élèves des écoles publiques, avait conduit à une tentative de réglementation officielle des prix de vente ou mieux à une espèce de socialisation administrative de la vente que n'acceptaient pas les imprimeurs et qu'on ne pouvait leur imposer. La Direction générale de l'Instruction publique a dû à la fois reviser le texte des manuels en cours de composition, réformer complètement l'organisme d'élaboration, rectifier les conventions relatives à la vente aux particuliers et faire inscrire au budget de 1926 une augmentation de 45.000 $ pour avoir des crédits suffisants pour la publication. Elle a dû aussi, pour assurer la propagation des manuels dans tous les pays de langue annamite, résister à certaines tentatives particularistes qui s'appuyaient parfois sur des remarques relatives à la langue même. En effet, le quoc-ngu s'avère aujourd'hui un moyen de transcription qui aurait besoin d'être modernisé et les différences encore marquées de dialecte entre Tonkin, Annam et Cochinchine rendaient souvent difficile la traduction des manuels en une sorte de langue commune que l'usage de ces livres généralisera, comme l'école publique, en France, a généralisé le français dans les pays provençaux, gascons ou bretons.

Malgré toutes ces difficultés, la série prévue des manuels sera, sauf impossibilité budgétaire, en service pour janvier 1927. Sept ont déjà paru ; deux sont en impression ; deux autres sont traduits ; deux sont rédigés et vont être soumis à la commission de réception ; seuls les deux manuels de français restent à composer, mais les directives en ont déjà été fixées par la Direction générale de l'Instruction publique. La première partie de l'œuvre est donc presque achevée. Le succès a été complet, le total des trois premiers manuels était de 560.000 exemplaires, il a fallu en réimprimer 360.000 de plus. Le nombre des exemplaires prévus pour 1927 dépassera 1.100.000.

D'autre part, les tableaux muraux, pour lesquels rien n'avait encore été fait vont commencer à paraître en 1927, les nécessités budgétaires ne permettant pas de commencer plus tôt. Ils seront établis avec la collaboration de l'Ecole des Beaux-arts de Hanoi et avec celle des Arts cambodgiens et, comme pour les gravures des manuels, seront adaptés soigneusement aux pays auxquels ils sont destinés.

Enfin, la Direction générale de l'Instruction publique, dans le but de compléter l'œuvre de vulgarisation accomplie par ces manuels, a décidé d'y ajouter quelques livres d'initiation sur l'hygiène, l'éducation physique et les jeux de plein air, le travail manuel.

Le premier de ces livres d'initiation, l'hygiène est, grâce à l'excellente collaboration du Directeur local de la Santé du Laos, achevé et illustré, on le traduit à la fois en quoc-ngu et en pâli.

Jusqu'à 1926, ces manuels n'avaient été rédigés qu'en quoc-ngu. On avait bien prévu la création de commissions spéciales d'adaptation au Cambodge et au Laos. Elles ont été établies par l'arrêté du 10 mai 1926 et commencent à fonctionner. L'instrument de travail dont sera ainsi doté l'enseignement populaire indochinois n'a d'équivalent nulle part.

C. — **La tâche à accomplir.**

Il ne faudrait cependant pas croire que l'organisation complète de l'enseignement populaire indochinois soit prêt d'être achevé. Il reste notamment, sans préjudice de l'œuvre déjà entreprise :

1° A achveer l'extension de cet enseignement, en surface et non en profondeur. Aujourd'hui, sa généralisation dans les pays proprement annamites, est surtout une question de temps et de persévérance. Mais elle est encore incomplète au Cambodge, malgré les efforts méritoires accomplis ; elle commence seulement au Laos et la pénétration chez les populations montagnardes est tout juste amorcée. D'autre part, bien qu'il y ait sur ce point un progrès, les élèves ne parcourent pas tout le cycle complet de l'enseignement populaire indochinois ; la majorité vient seulement au cours enfantin et le nombre des élèves diminue partout notamment à mesure qu'on s'élève du cours enfantin au cours élémentaire. Cela tient, sans doute, à ce que nombre d'écoles ne possèdent encore qu'un cours ; ainsi en Cochinchine, sur 1.048 écoles, 362 n'ont qu'un cours, 520 en ont deux, 175 seulement en ont trois. Mais cela tient aussi à ce que nombre d'enfants ne sont pas envoyés plus d'un an ou deux à l'école. La fréquentation laisse également souvent à désirer, surtout aux approches de la récolte et des fêtes. Si les statistiques étaient arrêtés au 31 décembre au lieu du 31 mai, elles donneraient de 5 % à 12 % en plus, selon les pays ; en Cochinchine après le Têt, en mars, il y a parfois 50 % d'absences dans les campagnes. Pour arriver a introduire l'habitude d'une scolarité suivie de trois ans, aboutissant au certificat d'études élémentaires indigènes, il faudra beaucoup de ténacité, de patience et de propagande; il faudra aussi une inspection plus serrée et une grande souplesse d'adaptation des horaires et vacances aux usages locaux. Mais il n'est pas téméraire d'espérer que, dans un délai qui ne sera pas excessif, on pourra envisager, au moins pour les garçons, l'obligation scolaire pour les trois premiers cours. Pour les filles, on ira infiniment moins vite.

Enfin, cet enseignement populaire devrait, aussitôt que possible, être précédé, au moins dans les grands centres provinciaux, d'écoles maternelles ou jardins d'enfants confiés à des institutrices spécialisées de l'Ecole normale. Mais c'est là une vue d'avenir.

2° Pour l'outillage de cet enseignement populaire, divers efforts passent au premier plan. D'abord, dans les pays annamites, compléter la série des instruments de travail scolaire et y organiser un réseau serré d'inspections spéciales. La préparation à ces inspections est à l'étude. Ensuite, dans les pays cambodgiens et laotiens, création dès l'an prochain des manuels adaptés aux besoins locaux. Enfin et partout mise au point d'instructions pédagogiques et de règlements scolaires : ce travail est déjà avancé au Tonkin, bien commencé en Annam et lancé en Cochinchine.

En tout cas, on peut considérer que pour l'enseignement populaire indochinois, la solution définitive est trouvée. L'école élémentaire indigène deviendra rapidement le foyer de culture et de civilisation au-

tour duquel rayonnera, dans la sympathie des familles, l'influence bien-
faisante de la puissance protectrice. Déjà même commencent à naître
autour d'elle des œuvres complémentaires de l'école (cours d'adultes,
sociétés d'enseignement populaire ou ménager à Saigon, Hanoï, Hué,
Vinh, etc...).

Le certificat d'études élémentaires indigènes, créé l'an dernier, avait
été signalé comme ayant soulevé un véritable enthousiasme. Il avait
réuni 45.523 candidats dont 64 % avaient été reçus, sur lesquels plus
de la moitié avait obtenu la mention de français. La Direction générale
de l'Instruction publique, en raison même de l'importance qu'elle atta-
che à cet examen, a tenu à en relever le niveau. Si le nombre des candidats est resté sensiblement le même (44.387) il n'y a eu que 60 % de
reçus, soit 26.771. D'ailleurs, les épreuves de français ont été maintenant renforcées et séparées de l'ensemble de l'examen et la possibilité
de se représenter à la 2ᵉ session, pour ces épreuves, a été donnée à ceux
qui, reçus pour l'examen proprement dit, n'avaient pas réussi en français.
Les reçus à l'épreuve française varient de 85 % (Cambodge) à 25 %
(Annam). Malgré une campagne faite en Cochinchine contre cet examen
qu'on présentait, dans certains milieux extrémistes, comme destiné à
élever une barrière entre Indigènes et Français, le certificat d'études
élémentaires indigènes et l'école élémentaire indigène sont désormais
bien entrés dans les mœurs.

III

LA FORMATION DE L'ÉLITE INDOCHINOISE

A. — Considérations générales.

Quelque ambitieux qu'un tel titre puisse paraître, tout le monde
connaîtra à la réflexion qu'il correspond à une nécessité. Partout et
peut-être plus qu'ailleurs dans un pays comme l'Indochine, il faut une
armature administrative et sociale qui doit être confiée à des hommes
dotés d'une instruction étendue et poussée aussi loin que possible. Or,
en raison même du petit nombre des Français, la très grande majorité
de ceux qui recruteront les éléments de cette armature ne peut être qu'indigène. Depuis la suppression des concours anciens du mandarinat, cette
nécessité a paru plus grande que jamais.

A la fois pour des raisons de circonstance et des raisons de principe,
c'est la partie de l'œuvre scolaire française la moins parfaite, la plus
difficile à réaliser.

D'abord, le véhicule de l'enseignement à tous les degrés pour la formation de cette élite ne saurait être que le français. Sans même invoquer la raison politique qui suffirait à elle seule, il y a à ce principe pédagogique une cause intellectuelle et morale ; les peuples indochinois comme tous les Extrêmes-Orientaux sont encadrés depuis des siècles dans un ensemble de conceptions scientifiques, littéraires et rituelles, qui, si respectable qu'il soit, ne satisfait pas aux besoins de la civilisation moderne surtout depuis les progrès des sciences positives. Or, les notions nouvelles qu'il faut introduire pour faire évoluer l'Extrême-Orient dans son plan traditionnel ne peuvent être rendues accessibles que par la connaissance d'une langue européenne : ce serait proposer à un lettré de trouver la quadrature du cercle que de lui demander d'écrire en caractères un traité de géométrie descriptive ou d'électricité, un manuel de chimie, d'économie politique ou même de psychologie expérimentale. Dès qu'on s'élève au-dessus des notions élémentaires, où il est déjà difficile de trouver en langue indigène pour bien des idées modernes un vocabulaire suffisant les pensées occidentales ne peuvent être puisées que dans un texte écrit en une langue occidentale.

En fait, malgré les récents efforts des Allemands et des Russes en Chine, le Français et l'Anglais se partagent ce rôle en Extrême-Orient. La connaissance du français est donc pour l'élite indochinoise la condition nécessaire de sa formation et l'enseignement du français doit servir de base à l'instruction qui lui est destinée. C'est ce qu'avait très bien compris et exprimé Albert Sarraut et c'est pour cette raison qu'il avait arrêté pour l'enseignement franco-indigène dès le cours moyen des écoles primaires et jusqu'à la fin de l'enseignement supérieur des programmes à la fois adaptés aux besoins locaux et tous étudiés en français. Mais une telle œuvre ne pouvait être accomplie, surtout dans l'enseignement du français, que par des maîtres français, ou assouplis complètement à la culture scientifique et littéraire métropolitaine, et pour des élèves parcourant un cycle suffisant d'études pour avoir le temps d'y acquérir mieux qu'une instruction de mémoire et de surface : sans formation de pensée personnelle et de réflexion active n'existe pas d'élite véritable. Il ne faut donc pas être surpris que, malgré des efforts et des résultats dont on ne saura jamais trop faire l'éloge, malgré le progrès tout à fait louable accompli par les maîtres et les élèves indigènes, on sort à peine aujourd'hui de la période de tâtonnement pour entrer dans celle des résultats définitifs.

Sans doute, le plan général du Code est resté debout. Cet édifice scolaire réalisait par avance l'idée de l'école unique en faisant passer l'enfant du cours supérieur de l'enseignement primaire et du certificat d'études primaires franco-indigènes qui le sanctionne à un enseignement primaire supérieur de quatre ans terminé par un diplôme, puis à un enseignement secondaire plus court aboutissant après deux ans à un seul examen et, enfin, à un enseignement supérieur spécialisé en grandes écoles dans lesquelles on ne devait entrer qu'après avoir obtenu le certificat de sortie de l'enseignement secondaire local.

Mais à l'expérience toutes les organisations dérivées de ce plan se sont trouvées rapidement en insuffisance. Si jusqu'ici les cours moyen et supérieur de l'école de plein exercice ont suffi à leur tâche, la forme nouvelle prise par l'école élémentaire indigène obligera d'ici peu à le remanier surtout en ce qui touche l'enseignement du français. Pour le degré proprement secondaire, en raison de l'âge plus tardif auquel y accèdent les enfants à cause des habitudes locales, Albert Sarraut avait réduit à 6 ans le total du temps consacré au 2e degré alors qu'il est de 7 ans dans la Métropole ; mais il voulait cependant que la valeur de cet enseignement correspondît à celle de France tout en restant adapté étroitement aux besoins locaux qui exigeaient des connaissances spéciales. On comprend aisément qu'il a fallu les leçons de l'expérience pour achever la mise au point d'organisations et programmes de ce genre. C'est seulement à la suite des grands efforts de 1924-1925 que le travail d'ensemble un peu improvisé en 1918 a été revisé et adopté par le Comité consultatif de l'Instruction publique. Les programmes nouveaux ont commencé à être appliqués en octobre 1925. Ils ne le seront complètement qu'à la rentrée prochaine et déjà se pose la question de savoir si leur développement même ne forcera pas à envisager la création d'une 3e année d'enseignement local destinée à la fois à élever le baccalaurérat local au niveau du baccalauréat métropolitain et par suite à assurer à l'enseignement supérieur indochinois un recrutement conforme aux caractères des études qui doivent s'y poursuivre.

D'ailleurs, le jour où ce dernier progrès serait accompli, l'équivalence du baccalauréat local et du baccalauréat métropolitain s'imposerait d'elle-même, tandis qu'aujourd'hui on ne pourrait, sans doute, obtenir que l'assimilation à la session D de la première partie, ce qui aurait pour effet de pousser l'élite indigène à sortir de son plan national pour se ruer vers la 2e partie du baccalauréat français. Enfin, il a été particulièrement difficile de recruter rapidement un personnel enseignant vraiment secondaire, c'est-à-dire, pourvu de titres le spécialisant en lettres, sciences, ou langues ; on a improvisé sur ce point du mieux qu'on a pu en faisant appel à des instituteurs français en créant une Ecole de Pédagogie destinée à les renforcer par un personnel indigène aussi bien spécialisé et préparé que la nature des choses le permettait, en recrutant des femmes licenciées ; mais ces moyens de fortune n'ont pas donné tout de suite un élan pédagogique suffisant ; le manque de certifiés, professeurs d'enseignement primaire supérieur et d'écoles normales et l'insuffisance de rendement de la section Lettres de l'Ecole de Pédagogie ont été particulièrement sensibles. Depuis très peu de temps seulement l'on a pu arriver à un ensemble satisfaisant qui s'améliore chaque jour.

Pour l'enseignement supérieur, les tâtonnements apparaissent plus marqués encore. Les écoles supérieures étaient prévues essentiellement pour le recrutement des cadres auxiliaires indigènes et en raison des besoins des services on a, par instant, poussé à un recrutement assez large. Mais, ici on a trop procédé au jour le jour. Le nombre, l'organisation et les programmes de ces écoles ont souvent varié. C'est seulement la réforme d'ensemble de 1924-1925 qui a accompli sur ce point un effort décisif, bien qu'incomplet encore. De plus, la nécessité s'est très vite imposée d'ajouter à ces écoles un véritable enseignement supérieur, préparant aux carrières libérales et aux études désintéressées, mais on n'a pas encore trouvé la formule qui donnerait satisfaction à ce besoin, sauf peut-être pour l'Ecole de Médecine et de Pharmacie. Celle-ci constituée par le décret du 30 août 1923 est composée de deux éléments juxtaposés en droit mais réunis en fait aussi souvent que possible pour les enseignements techniques et généraux : une école française de plein exercice conduisant du baccalauréat français jusqu'au dernier examen de doctorat français et une section indigène menant du baccalauréat local à un diplôme local inégal au premier, mais qu'on peut espérer voir s'en rapprocher progressivement. On paraît avoir trouvé ainsi la formule de couronnement qui concilie les besoins de deux enseignements parallèles français et franco-indigène. Les vicissitudes de l'Ecole de Droit et d'Administration actuellement transformée en Ecole des Hautes Etudes indochinoises en attendant qu'on « la rende à sa destination » sont aussi très caractéristiques.

Ainsi à tous ces degrés, l'enseignement destiné à former l'élite indochinoise se trouve encore en pleine période de croissance. Telle est au fond la raison pour laquelle on a vu les mieux doués ou les plus aisés se précipiter de plus en plus vers les Lycées et les Facultés de France et assiéger de demandes de bourses toutes les administrations indochinoises. Cet exode est en lui-même contraire au principe salutaire qui affirme la nécessité de faire évoluer cette jeunesse dans son plan national. Il est très onéreux et dangereux pour les parents dont les enfants ainsi déracinés échappent à la tutelle paternelle sans en trouver une équivalente en France et reviennent presque toujours imbus d'idées ou de prétentions qui rendent difficile ou irritante leur réintégration dans leur monde social. Cet exode scolaire a pris dans ces dernières années l'allure d'une émigration à laquelle les parents n'osent plus résister et que le Département a déjà songé à canaliser en cherchant à créer dans un ou plusieurs centres universitaires de France des maisons d'étudiants indochinois. Ne voit-on pas demander pour des enfants de dix ans un départ en France pour préparer l'entrée d'une école, sur la nature de laquelle ils ne sont pas toujours fixés ? Il y a là un grand danger pour l'avenir et une raison urgente de donner sur place satisfaction aux aspirations légitimes ainsi détournées de leur véritable but. S'il est désirable en effet que l'élite indigène connaisse la France et l'Occident, le véritable moyen de lui procurer cette initiation nécessaire ne serait-il pas d'envoyer largement les meilleurs sujets, une fois leurs études achevées ici, les perfectionner, sous une direction qualifiée et dans de bonnes conditions de confort, dans nos divers centres universitaires de France ?

Des difficultés accidentelles sont venues encore compliquer cette tâche délicate. Par suite même de la hâte avec laquelle on a dû procéder, on a admis dans tous les degrés de cet enseignement des élèves en retard et beaucoup trop âgés, surtout dans le degré secondaire : ces élèves déplacés au milieu des camarades plus jeunes et souvent supérieurs à eux, trop grands pour les établissements dans lesquels ils se trouvent, constituent un élément en général médiocre et souvent turbulent, accueillant facilement les sollicitations ou propagandes de milieux qui ne sont pas scolaires. C'est surtout parmi ces retardataires que se sont recrutés les meneurs des agitations de cette année. Il est très frappant de constater qu'en Cochinchine, où le mouvement a atteint son maximum et où même il s'est étendu à des écoles de plein exercice, les agitateurs aient été souvent des garçons de 16 à 19 ans qui étaient encore dans un cours moyen ou supérieur. Les grèves scolaires, dont il n'y a pas ici à faire la description, ont été localisées exclusivement à une vingtaine d'établissements annamites du 2e degré ou primaires de plein exercice. Les sévères sanctions prises auront au moins cet avantage d'obliger la majeure partie des élèves des dernières années à des études supplémentaires, qui ne leur seront pas inutiles, et à éliminer définitivement le plus grand nombre des élèves hors d'âge. De même l'accès aux écoles supérieures, en raison du nombre trop restreint des candidats pourvus du baccalauréat local devrait être encore permis à des étudiants possesseurs simplement de titres primaires supérieurs jusqu'en 1928 mais pour remédier, dans la mesure du possible et d'une façon qui sera efficace à cette situation, un concours général d'entrée a été établi par l'arrêté du 2 juillet 1926 pour toutes les écoles qui n'en avaient pas un déjà institué et pour tous les candidats non pourvus du baccalauréat local. Ce concours, qui servira en même temps de concours pour les bourses assure pour la première fois un recrutement au choix et d'après les aptitudes ainsi qu'une réglementation précise et complète de l'attribution des subventions diverses.

Il est enfin tout à fait caractéristique que, pour les divers degrés de formation de l'élite indochinoise, on doive prévoir un très large régime de bourses et d'internats ou là où ceux-ci ne sont pas possibles de cantines scolaires ou foyers scolaires. Sauf de très rares exceptions, les candidats appartiennent à des familles pauvres ou nombreuses ; ils ont besoin d'être bien nourris, bien logés, entraînés physiquement pour pouvoir donner leur mesure. Aussi importe-t-il de généraliser les internats primaires dans les écoles de plein exercice, de ne pas diminuer le nombre de boursiers de toutes sortes dans les établissements du 2e degré et de veiller d'une façon particulière sur les gros internats, libéralement organisés qui réunissent à Hanoi la presque totalité des étudiants. Si l'on veut que cette jeunesse se développe sainement, il faut lui assurer le moyen de vivre modestement sans doute mais à l'aise. Les effectifs sont d'ailleurs peu nombreux : 16 500 soit 7 % du total des classes primaires élémentaires pour les cours moyen et supérieur, répartis entre 270 écoles, 3.951 (chiffre affaibli temporairement par les sanctions prises à la suite des grèves) pour l'enseignement du 2e degré répartis entre 21 établissements ; 1.200 pour l'enseignement professionnel actuel répartis entre 11 maisons ; 403 pour l'enseignement supérieur.

B. — **Mesures à prendre.**

A la lumière des observations qui précèdent, on aperçoit les directives qui doivent présider à l'achèvement de l'œuvre déjà si largement amorcée.

Dès maintenant l'enseignement capable de former une élite a presque achevé de prendre sa constitution définitive pour la partie qui va jusqu'à l'entrée à l'Université. S'il reste à améliorer encore le rendement du personnel qui est provisoirement détaché et en particulier s'il devient indispensable de réformer complétement, dans le plus bref délai, l'Ecole de Pédagogie ; s'il est à prévoir que dans deux ans probablement le progrès même de l'enseignement secondaire conduira à le prolonger d'une année, on a le droit, devant les résultats pédagogiques acquis, d'affirmer que la jeunesse indochinoise n'a plus besoin d'aller chercher en France l'enseignement correspondant au 2e degré.

Au contraire pour l'enseignement supérieur, une réforme d'ensemble est absolument urgente. Les grandes lignes en ont été d'ailleurs étudiées au cours de cette année. Mais déjà quelques réalisations de détail ont été accomplies : telles sont la réforme de l'enseignement de l'économie politique à l'Ecole des Haute Etudes, la création à l'Ecole de Commerce des deux sections des Postes et de Radiotélégraphie, l'organisation dans le domaine de Doson de colonies de vacances pour les étudiants de l'Université et de stage de travaux pratiques pour les élèves de l'Ecole supérieure d'Agriculture.

2° — *Enseignement professionnel.*

Il convient d'abord de rendre hommage aux efforts heureux accomplis : malgré certaines crises scolaires, par les écoles d'art appliqué et les écoles pratiques d'industrie de l'Indochine. Les secondes continuent à former des techniciens qui sont appréciés aussi bien dans les grands services publics que dans les entreprises privées mais les premières accentuent heureusement leur adaptation aux besoins locaux, notamment celle de Phnom-penh qui a provoqué une véritable renaissance des arts cambodgiens d'orfèvrerie, laquage, émaillage sur métaux et tissage, et celle de Hanoi où existent à la fois des ateliers de sculpteurs sur pierre et sur bois, de ciseleurs, d'ébénistes, une section d'ajustage et d'automobilisme, et une section féminine de 70 dentellières qui a trouvé cette année des débouchés intéressants dans l'industrie locale ; dans cette dernière école la collaboration avec l'enseignement primaire supérieur vient d'être inaugurée. Mais pour des raisons d'ordre pratique, beaucoup de ces établissements sont en même temps des ateliers de réparation pour les services publics. Et surtout ils ne peuvent guère vivre qu'en élargissant les conditions de recrutement prévues et en n'exigeant plus à l'entrée les diplômes requis par le Code...

Nul ne conteste qu'une réorganisation de principe de l'enseignement professionnel s'impose, depuis la simple initiation au travail manuel pratique dans l'école élémentaire primaire où primaire supérieure sous des formes de plus en plus élevées jusqu'au véritable enseignement professionnel qui commence à l'âge où l'enfant est capable de devenir l'apprenti et qui ne poursuit que des buts techniques. Le principal défaut de l'organisation ancienne vient de ce qu'elle n'avait pas été précédée d'une information sur les besoins professionnels. Trop de gens croient à la possibilité ou à la nécessité d'étudier l'éducation professionnelle à tous les métiers tant européens qu'indigènes. En réalité, il y a des métiers qui se prennent et des métiers qui s'apprennent. Les métiers qui reposent sur la simple force musculaire (terrassiers, carriers, etc...) sur une coutume vite acquise (tireurs de pousse, cochers, balayeurs, etc...) sur une tradition familiale invétérée (vie ménagère, petite culture, etc...) ne pouvant guère fournir matière à un véritable enseignement professionnel général. Beaucoup de petits métiers indigènes se recrutent seulement par voisinage et par des pratiques ancestrales d'apprentissage dans lesquelles il est trop tôt pour intervenir utilement. Ce sont surtout les métiers d'art indigène, les industries importées par nous, le grand commerce ou la banque, qui ont besoin d'avoir des ouvriers ou demi-ouvriers formés par des maîtres expérimentés ou suivant des méthodes pédagogiques. Le succès de l'Ecole des Arts appliqués de Hanoi est dû à ce que son chef a bien compris cette nécessité de fait. En cette matière tout est ici à créer : carte des besoins, programmes, recrutement, outillage, etc... C'est pourquoi sans vouloir maintenir l'espèce d'importation globale des anciennes écoles pratiques de France qui a fait le fond du Code de l'Instruction publique sur ce point et s'inspirant à la fois des initiatives prises dans les écoles professionnelles d'Indochine et du magnifique exemple que vient, en décembre 1925, de donner, au Maroc la direction de l'enseignement de ce pays, la Direction générale de l'Instruction publique a pensé à ouvrir d'abord auprès des Administrations locales et de tous les corps intéressés (Chambre d'Agriculture ou de Commerce, Banques, etc...) et des notables industriels ou commerçants une enquête préalable, d'après un questionnaire dont l'exposé de principe et le détail des demandes précises sont dès maintenant au point. C'est seulement après cet inventaire de la situation qu'on pourra utilement construire une organisation vraiment pratique.

TABLEAUX STATISTIQUES

I. — Personnel français de l'Enseignement en Indochine

(Année scolaire 1925-1926).

ORDRE D'ENSEIGNEMENT	ANNÉE	LYCÉE Albert Sarraut	TONKIN	COCHINCHINE	CAMBODGE	ANNAM	LAOS	TOTAUX généraux par catégorie
Professeurs agrégés	1925	11	»	2	»	»	»	13
	1926	10	»	3	»	1	»	14
Professeurs licenciés ou certifiés	1925	12	31	43	5	8	»	99
	1926	12	34	57	9	10	»	122
Professeurs primaires et Institutrices	1925	13	107	155	41	50	11	377
	1926	9	108	147	44	48	13 (1)	379
Professeurs techniques ..	1925	»	2	2	3	1	»	8
	1926	»	5	7	3	2	»	17
Chefs d'atelier	1925	»	2	4	4	»	3	13
	1926	»	3	6	7	»	3	19
Totaux généraux par pays	1925	36	142	206	53	59	14	510
	1926	31	160	220	63	61	16	551

(1) dont 2 en congé.

II. — **Personnel indigène de l'Enseignement en Indochine** *(Année scolaire 1925–1926).*

PERSONNEL	ANNÉE	LYCÉE Albert Sarraut	TONKIN	COCHINCHINE	CAMBODGE	ANNAM	LAOS	TOTAUX généraux
Professeurs de l'Enseignement primaire supérieur.	1925	1	35	16	1	21	»	74
	1926	2	38	19	1	23	»	83
Personnel de l'Enseignement primaire. — Instituteurs ...	1925	»	318	516	49	190	20	1.093
	1926	»	342	598	48	214	20	1.222
Institutrices ...	1925	»	21	4	2	13	»	40
	1926	»	28	8	2	20	»	58
Instituteurs auxiliaires	1925	»	1.200	981	178	258	52	2.669
	1925	»	1.392	1.125	203	411 (1)	65	3.196
Institutrices auxiliaires ..	1925	»	89	108	20	39	7	263
	1925	»	89	130	21	43	7	290
Totaux généraux par pays.	1925	1	1.663	1.625	250	521	79	4.139
	1926	2	1.889	1.880	275	711	92	4.849 (2)

(1) Non compris **784** instituteurs auxiliaires au compte des communes.
(2) Soit une augmentation de 19 0/0.

III. — Tableau général du personnel *(Français et Indigène).*

CATÉGORIES	ANNÉE	D. I. P. ENSEIG. SUP. LYCÉE ALBERT SARRAUT	TONKIN	COCHINCHINE	CAMBODGE	ANNAM	LAOS	TOTAUX
Professeurs du 2e degré.	1925	36	69	56	6	30	»	197
	1926	31	70	79	10	34	»	224
Professeurs du 1er degré.	1925	18	1.737	1.737	286	543	90	4.411
	1926	9	1.969	2.008	318	1.520 (1)	110	5.934
Enseignement professionnel	1925	»	6	7	7	1	3	24
	1926	»	8	13	10	2	3	36
Totaux généraux par pays	1925	54	1.812	1.800	299	574	93	4.632
	1926	40	2.047	2.100	338	1.556 (1)	113	6.194

(1) y compris 784 instituteurs auxiliaires au compte des communes

IV. — Établissements scolaires français en Indochine

(Année scolaire 1925-1926)

NATURE DES ECOLES	ANNÉE	TONKIN		COCHINCHINE		CAMBODGE		ANNAM		LAOS		TOTAL général par ordre d'enseignement	
		Écoles	Élèves	Écoles	Élèves	Écoles	Élèves	Écoles	Élèves	Écoles	Élèves	Écoles	Élèves
Enseignement secondaire	1925	1	532	1	357	»	»	»	»	»	»	2	889
	1926	1	537	1	479	»	»	»	»	»	»	2	1.016
Enseignement primaire supérieur ...	1925	3	605	1	301	1	12	»	»	»	»	5	918
	1926	5	677	1	361	1	5	»	»	»	»	5	1.043
Enseignement primaire	1925	12	295	4	237	2	100	6	76	1	11	25	718
	1926	12	272	3	267	2	92	6	92	1	19	24	742
Totaux généraux par pays	1925	16	1.431	6	895	3	112	6	76	1	11	32	2.525
	1926	16	1.486	5	1.107	3	97	6	92	1	19	31	2.801

V — Établissements scolaires franco-indigènes en Indochine

(Année scolaire 1925-1926).

NATURE DES ECOLES	ANNÉE	TONKIN		COCHINCHINE		CAMBODGE		ANNAM		LAOS		TOTAL général par pays	
		Eco-les	Elè-ves	Eco-les	Elè-ves	Eco-les	Elè-ves	Eco-les	Elè-ves	Eco-les	Elè-ves	Eco-les	Elèves
Enseignement secondaire	1925	1	61	1	44	»	»	»	»	»	»	2	105
	1926	1	24	1	32	»	»	»	»	»	»	2	56
Enseignement primaire supérieur ...	1925	5	1.349	6	1.093	1	200	4	1.717	1	30	17	4.389
	1926	8	1.123	5	723	1	207	4	1.810	1	32	19	3.895
Enseignement professionnel	1925	2	393	5	386	2	248	1	65	1	50	11	1.142
	1926	2	459	5	290	2	328	1	90	1	48	11	1.215
Enseignement primaire — Ecoles de plein exercice ...	1925	107	22.179	78	27.314	16	4.417	38	9.580	10	1.337	250	64.827
	1926	117	25.718	84	28.843	16	4.471	43	10.768	10	1.422	270	77.222
Enseignement primaire — Ecoles élémentaires	1925	1.125	46.096	1.040	60.119	124	6.025	787	29.689	39	1.585	3.115	143.514
	1926	1.189	57.988	1.058	62.896	139	6.737	806	32.853	45	1.846	3.237	162.320
Totaux généraux	1925	1.240	70.078	1.130	88.956	143	10.890	831	41.051	51	3.002	3 395	213 977
	1926	1.317	85.312	1.153	92.784	158	11.743	854	45.521	57	3.348	3.539	238.708

VI. — Candidats admis aux divers examens de l'année scolaire 1925-1926

(Sessions de septembre-octobre 1925 et juin-juillet 1926)

PAYS ET ÉTABLISSEMENTS	BACCALAU-RÉAT		B. E. S. L.		E. S.		B E		B. E. P S.		C. E. P. (TITRE FR.)		D. E. P. S.		C E. P. FRANCO-IND.		C. E. E. I.	
	1925	1926	1925	1926	1925	1926	1925	1926	1925	1926	1925	1926	19:5	1926	1925	1926	1925	1926
Lycée Albert Sarraut et Collège Chasseloup-Laubat	64	64	»	»	»	»	»	»	»	»	»	»	»	»	»	»	»	»
Tonkin	9	12	15	2	5	2	76	42	88	53	180	195	133	51	904	763	13.597	12.991
Cochinchine	1	2	11	7	1	1	62	32	6	8	87	132	221	67	1.178	2.138	7.609	5.268
Annam	»	»	»	»	»	»	«	»	»	»	10	12	72	52	967	898	7.447	7.400
Cambodge	»	»	»	»	»	»	10	4	»	»	15	14	13	6	98	94	477	893
Laos	»	»	»	»	»	»	»	»	»	»	1	»	2	»	37	30	139	219
Totaux	74	78	26	9	6	3	148	78	94	61	293	353	441	176	3.184	3.923	29.269	26.771

VII. — ENSEIGNEMENT PRIVÉ

VII. — Enseignement privé

Désignation	TONKIN Enseigt. français	TONKIN Enseigt. indigène	ANNAM Enseigt. français	ANNAM Enseigt. indigène	COCHINCHINE Enseigt. français	COCHINCHINE Enseigt. indigène	CAMBODGE Enseigt. français	CAMBODGE Enseigt. indigène	LAOS Enseigt. français	LAOS Enseigt. indigène	TOTAUX GÉNÉRAUX Enseigt. français	TOTAUX GÉNÉRAUX Enseignement indigène
I. — Enseignement confessionnel.												
Ecoles primaires supérieures — Ecoles	»	»	»	1	»	1	»	»	»	»	»	2
Ecoles primaires supérieures — Personnel	»	»	»	21	»	12	»	»	»	»	»	33
Ecoles primaires supérieures — Elèves	»	»	»	460	»	260	»	»	»	»	»	720
Ecoles primaires — Ecoles	»	»	7	»	5	1	2	»	»	»	14	1
Ecoles primaires — Personnel	»	»	14	»	37	45	7	»	»	»	58	45
Ecoles primaires — Elèves	»	»	265	»	979	1.190	304	»	»	»	1.548	1.190
Ecoles primaires élémentaires — Ecoles	»	»	»	145	»	160	»	»	»	»	»	305
Ecoles primaires élémentaires — Personnel	»	»	»	175	»	303	»	»	»	»	»	478
Ecoles primaires élémentaires — Elèves	»	»	»	4.275	»	10.763	»	»	»	»	»	15.038
Séminaires — Ecoles	»	»	»	6	»	»	»	»	»	»	»	6
Séminaires — Personnel	»	»	»	21	»	»	»	»	»	»	»	21
Séminaires — Elèves	»	»	»	280	»	»	»	»	»	»	»	280
Ecoles de Pagodes — Ecoles	»	»	»	»	»	»	»	2.448	»	900	»	3.348
Ecoles de Pagodes — Personnel	»	»	»	»	»	»	»	2.451	»	»	»	2.451
Ecoles de Pagodes — Elèves	»	»	»	»	»	»	»	40.494(1)	»	7.200 (1)	»	47.694
Ecoles malaises — Ecoles	»	»	»	»	»	»	»	2	»	»	»	2
Ecoles malaises — Personnel	»	»	»	»	»	»	»	2	»	»	»	2
Ecoles malaises — Elèves	»	»	»	»	»	»	»	12	»	»	»	12
II. — Enseignement laïque.												
Ecoles primaires supérieures — Ecoles	»	»	»	»	»	4	»	»	»	»	»	4
Ecoles primaires supérieures — Personnel	»	»	»	»	»	25	»	»	»	»	»	25
Ecoles primaires supérieures — Elèves	»	»	»	»	»	553	»	»	»	»	»	553
Ecoles primaires avec cycle complémentaire — Ecoles	»	»	»	»	»	»	»	»	»	»	»	»
Ecoles primaires avec cycle complémentaire — Personnel	»	»	»	»	»	»	»	»	»	»	»	»
Ecoles primaires avec cycle complémentaire — Elèves	»	»	»	»	»	»	»	»	»	»	»	»
Ecoles primaires — Ecoles	»	»	»	1	1	13	»	»	»	»	1	14
Ecoles primaires — Personnel	»	»	»	3	4	86	»	»	»	»	4	89
Ecoles primaires — Elèves	»	»	»	50	50	1.704	»	»	»	»	50	1.814
Ecoles primaires élémentaires — Ecoles	»	»	»	»	»	17	»	»	»	»	»	17
Ecoles primaires élémentaires — Personnel	»	»	»	»	»	25	»	»	»	»	»	25
Ecoles primaires élémentaires — Elèves	»	»	»	»	»	752	»	»	»	»	»	752
Ecoles enseignant exclusivement le Quôc-ngu — Ecoles	»	»	»	»	»	»	»	2	»	»	»	2
Ecoles enseignant exclusivement le Quôc-ngu — Personnel	»	»	»	»	»	»	»	2	»	»	»	2
Ecoles enseignant exclusivement le Quôc-ngu — Elèves	»	»	»	»	»	»	»	80	»	»	»	80
Ecoles enseignant le Quôc-ngu et les caractères chinois — Ecoles	»	»	»	64	»	»	»	»	»	»	»	64
Ecoles enseignant le Quôc-ngu et les caractères chinois — Personnel	»	»	»	73	»	»	»	»	»	»	»	73
Ecoles enseignant le Quôc-ngu et les caractères chinois — Elèves	»	»	»	1.536	»	»	»	»	»	»	»	1.536
Ecoles chinoises — Ecoles	»	»	»	»	»	»	»	83	»	»	»	83
Ecoles chinoises — Personnel	»	»	»	»	»	»	»	197	»	»	»	197
Ecoles chinoises — Elèves	»	»	»	»	»	»	»	1.466	»	»	»	1.466
Totaux	»	»	7	217	6	198	2	2.538	»	900	15	3.848
Totaux	»	»	14	293	41	496	7	2.652	»	»	62	3.441
Totaux	»	»	205	6.601	1.029	15.282	304	42.052	»	7.200 (1)	1.598	71.135

(1) Mentionnées surtout à titre indicatif et pour mémoire étant donné le caractère tout à fait confessionnel et purement religieux de ces écoles. Pour le Laos, le nombre des bonzes enseignant n'a pu être indiqué.

Impr. d'Extrême-Orient, Hanoi. — 43822